Edition suivie pour le musée du Louvre
par **Violaine Bouvet-Lanselle**
assistée de **Catherine Dupont**,
direction du développement culturel.

Tous nos plus chaleureux remerciements
à tous ceux, très nombreux, qui nous ont aidés
dans cette vaste entreprise :
**personnels des conservations du musée,
atelier d'encadrement et de dorure,
atelier de montage d'objets d'art,
service de sécurité et d'incendie,
personnels de l'accueil et de la surveillance,
la direction des publics et notamment
les ateliers pédagogiques,**
et **les espaces commerciaux du musée du Louvre.**
Merci à **Isabelle Calvi, Fabrice Douar, Moïna Lefébure.**
Enfin un grand merci à **Emmanuelle, Vianney,
Flamine, Massia, Léna** et **Aricie**.

ISBN 2-84420-386-8

ISBN 2-35031-043-4

Tout un
Louvre

PARIS

PARIS

Richelieu
XVIIe - XVIIIe siècle
La Chapelle
(expositions temporaires)
Sully
Denon
ez-de-chaussée
Mésopotamie
Iran antique
Richelieu
Sully
Denon
Sculptures italiennes
XVIe - XIXe s.
Sculptures
de l'Europe du Nord

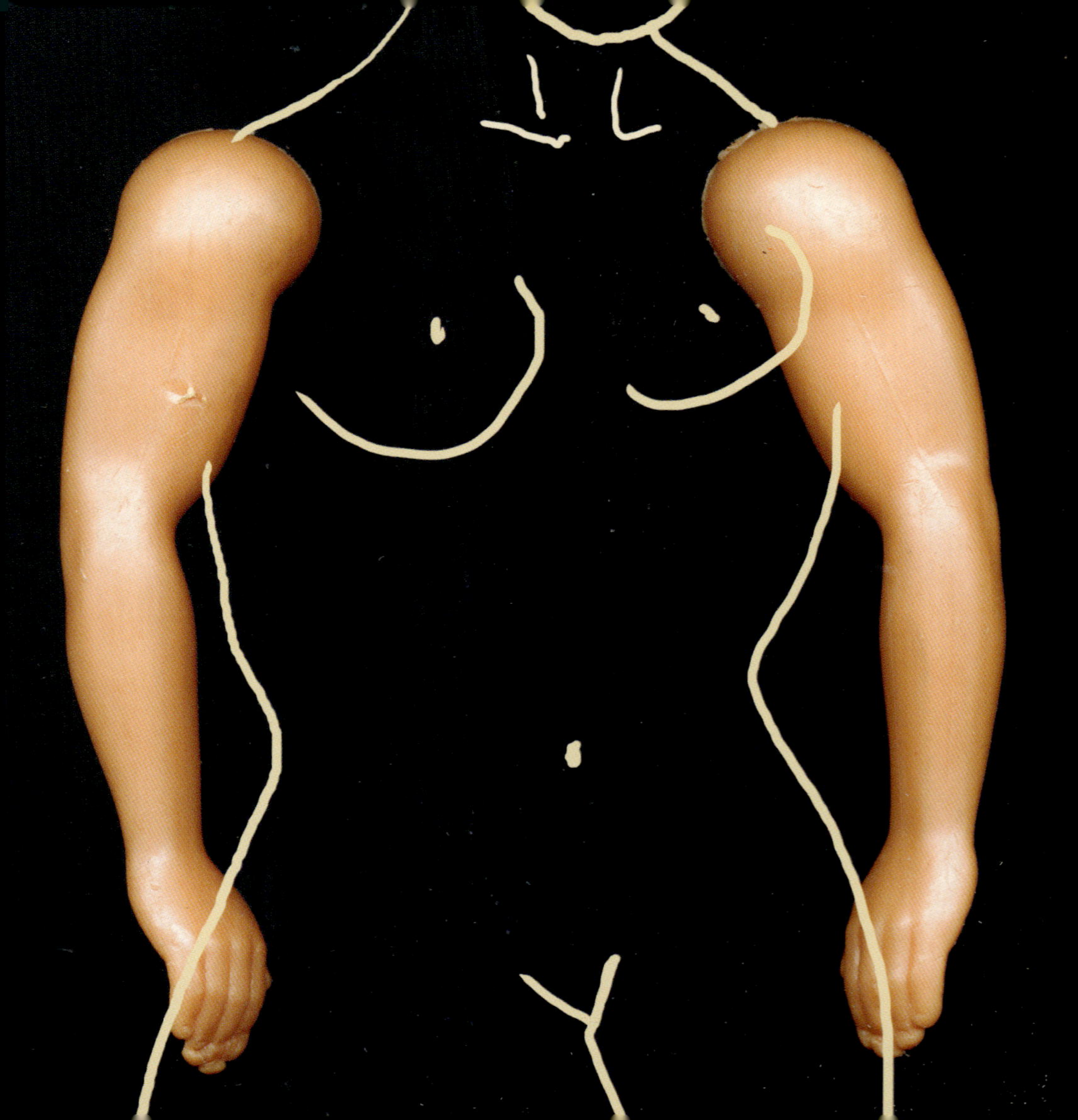

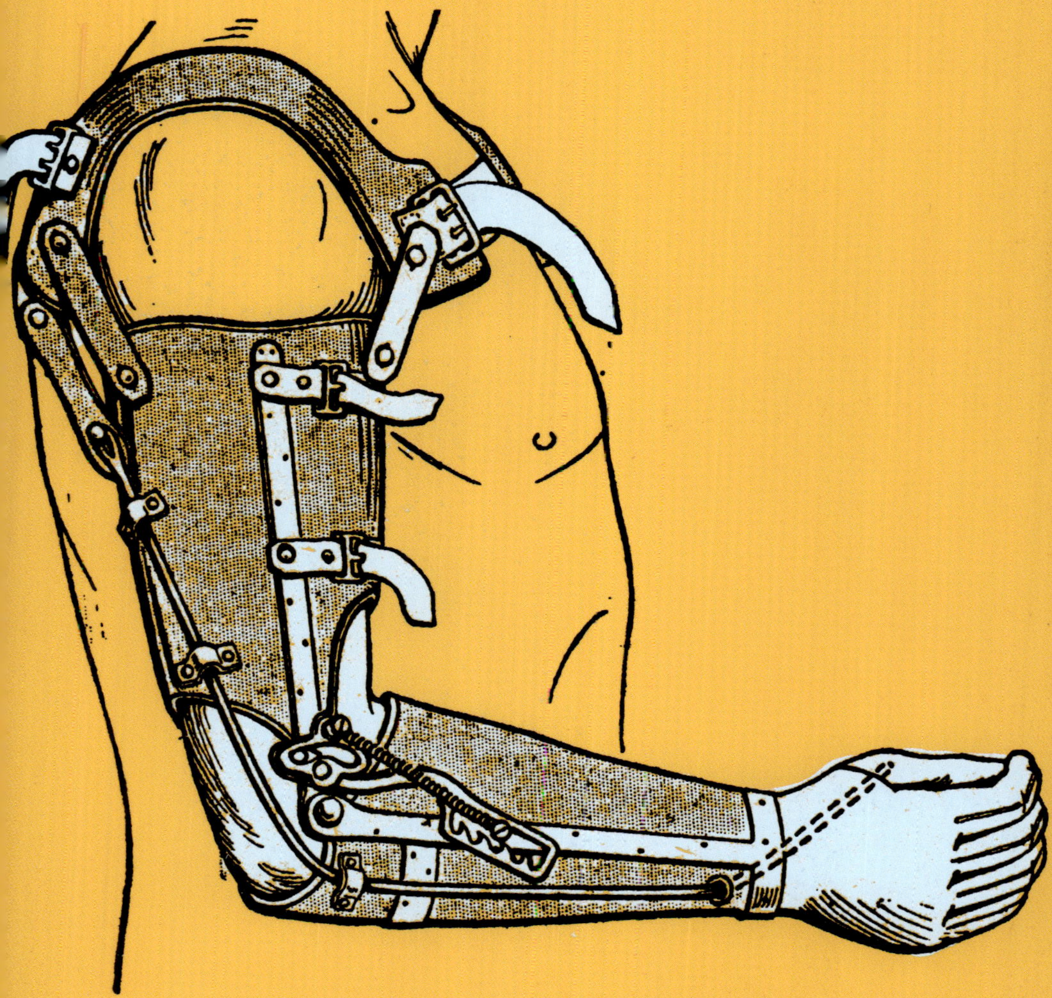

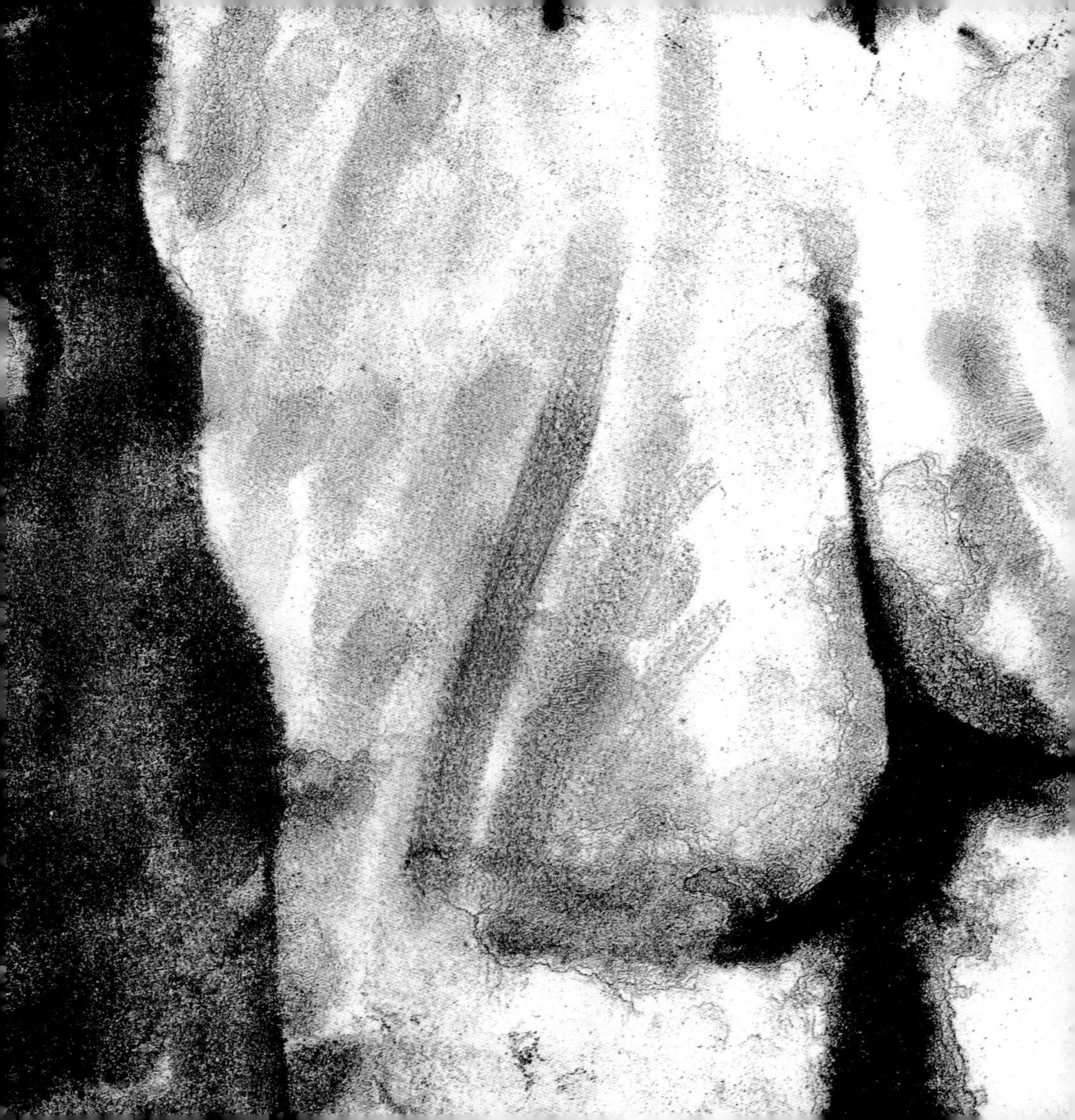

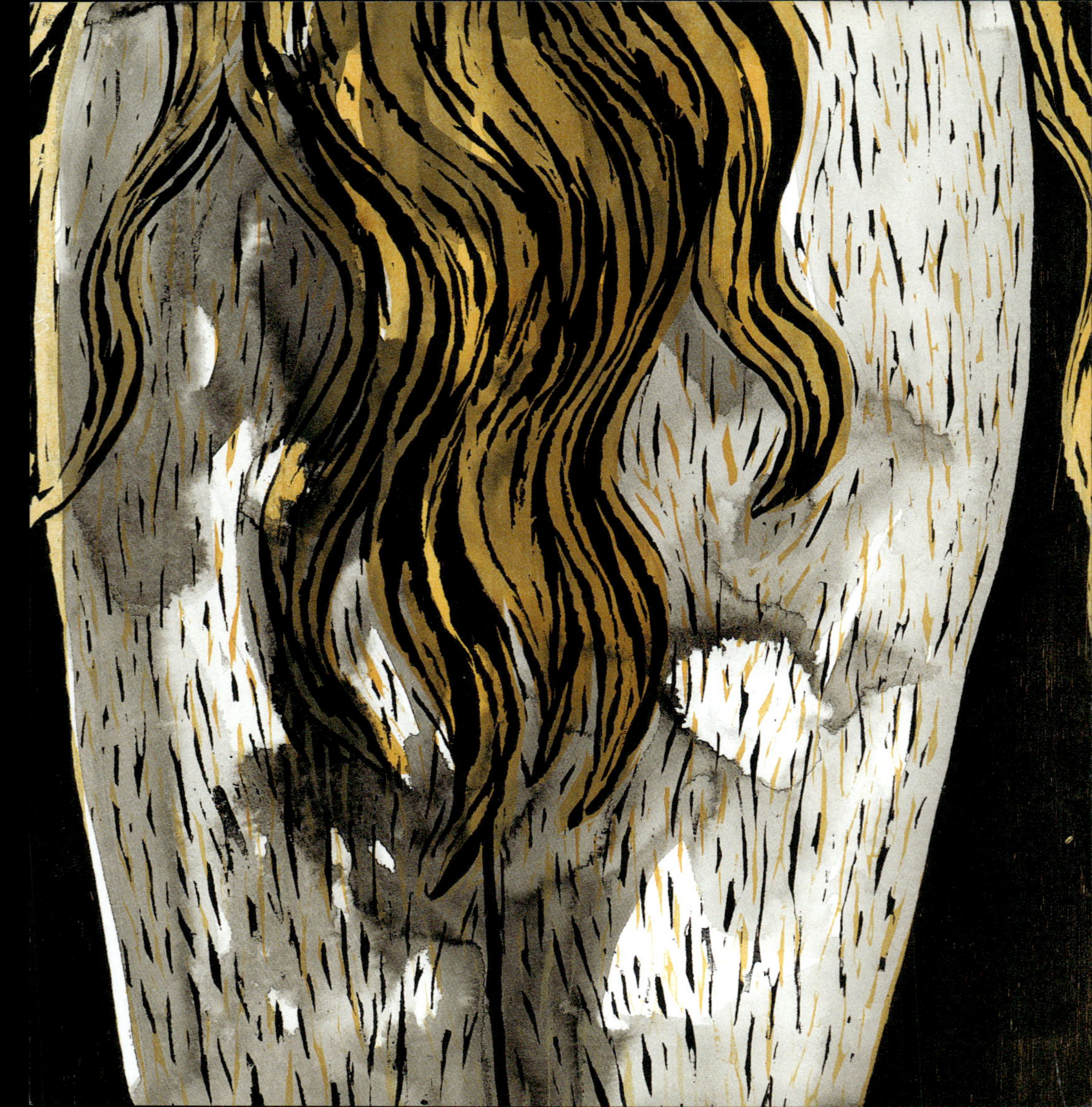

GÉRICAULT (J.L.A.THÉODORE) 1791 + 1824
OFFICIER DE CHASSEURS A CHEVAL DE LA GARDE

pyramide lapin bleu
vue intérieur
contre-plongée
in situ
volume
de la

Un petit bonjour de la part de toute la famille
Jean
Maurice
Joselyne
Denise
Dist. by Regina News Ltd.
SHARE IN THE TRADITION
Faire suivre
8 rue Darcel
75 Boulogne Billancourt
BY AIR MAIL
PAR AVION
FRANCE
A TOUS LES FRANÇAIS
REPUBLIQUE FRANÇAISE
AIR MAIL
Srta.
Sa Majesté François Ier
en son joli Château
FONTAINEBLEAU
DE FRANCE

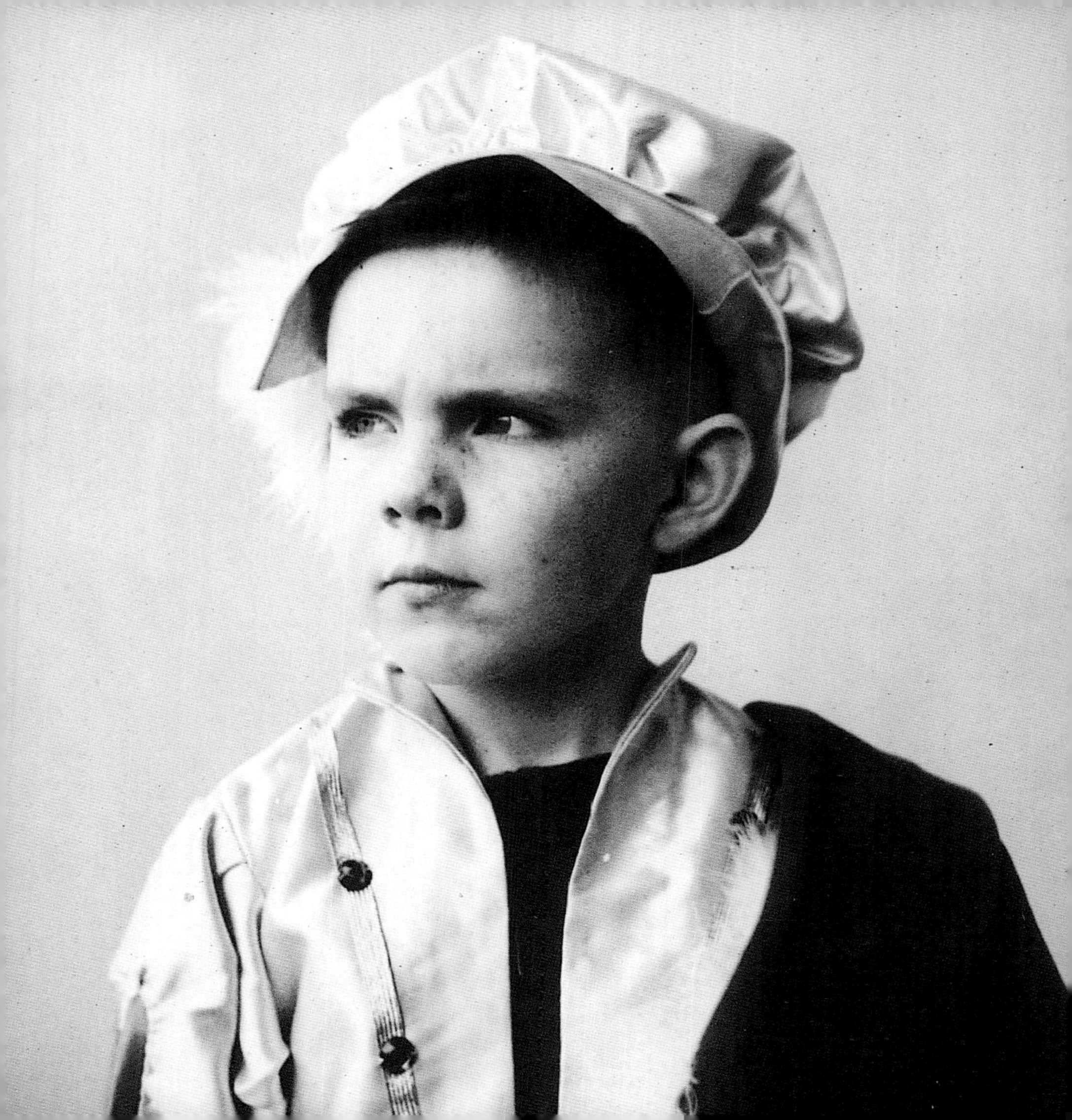

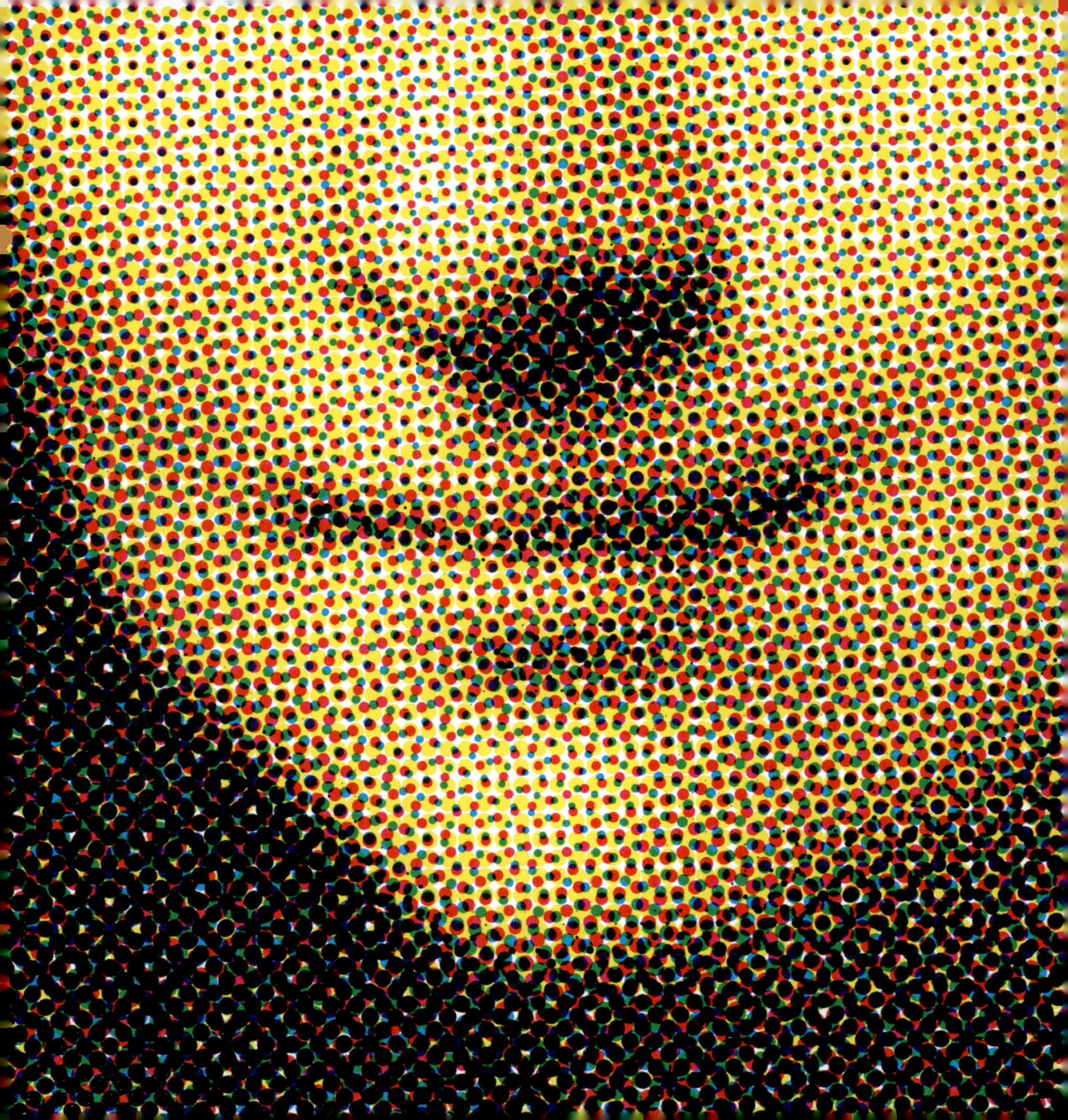

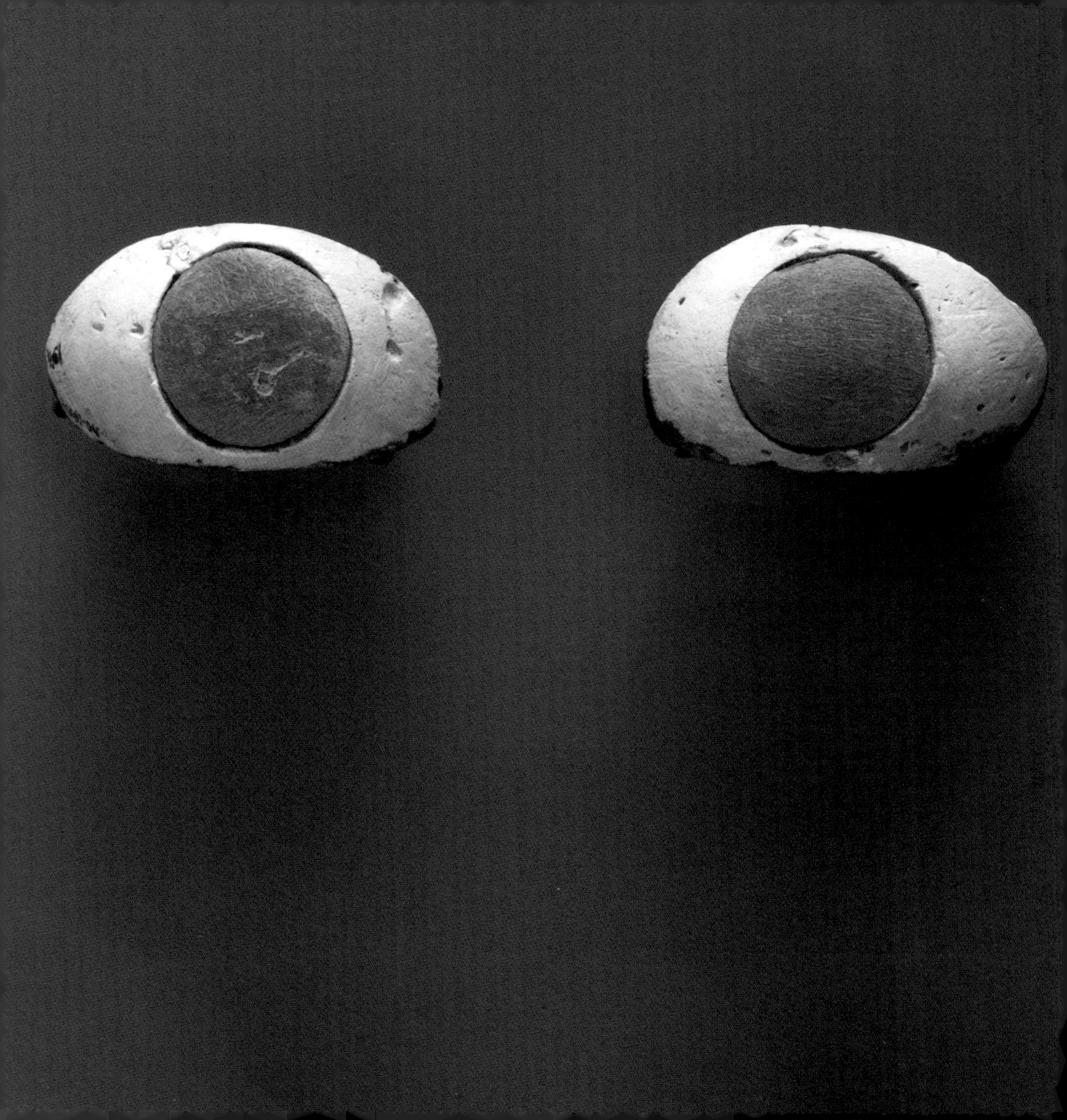

SPSI
NIFTYLIFT
Louvre 54

20 Figurine modelée : femme nue aux
bras en aileron
Motifs appliqués pour les seins, la
chevelure et les yeux
Terre cuite
Fouilles R. de Mecquenem, 1934
Sb 7130
21
modelée : quadrupède
Sb 784

CRICKET

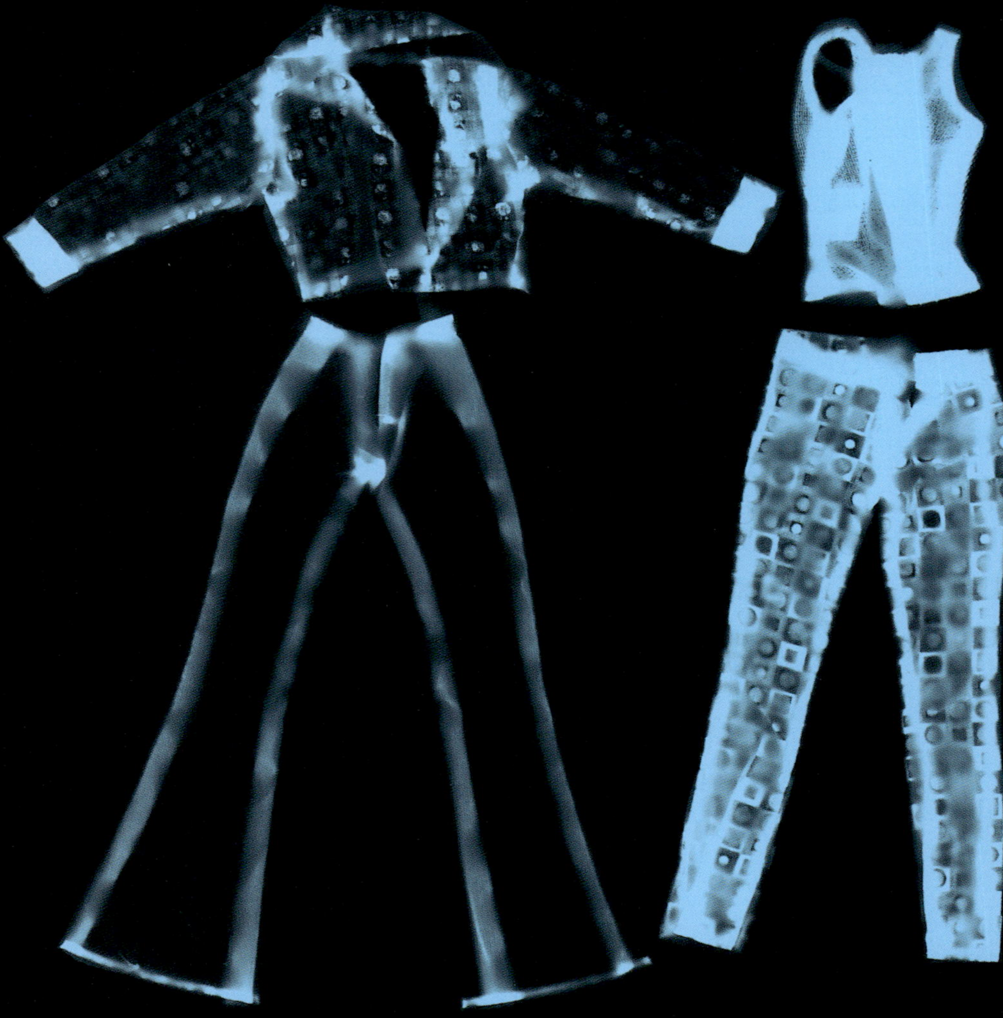

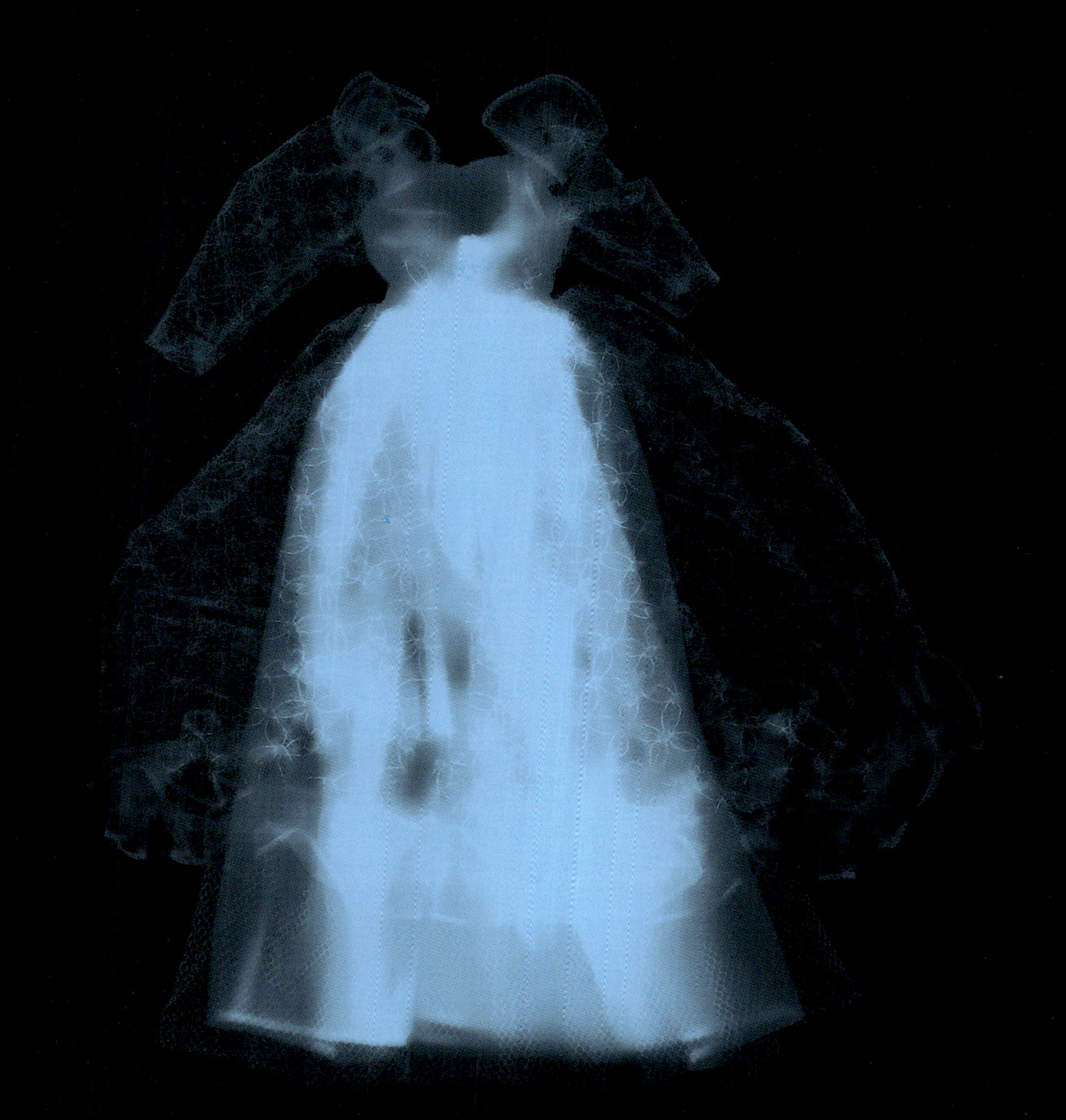

DAVID

ROMA
ROMA

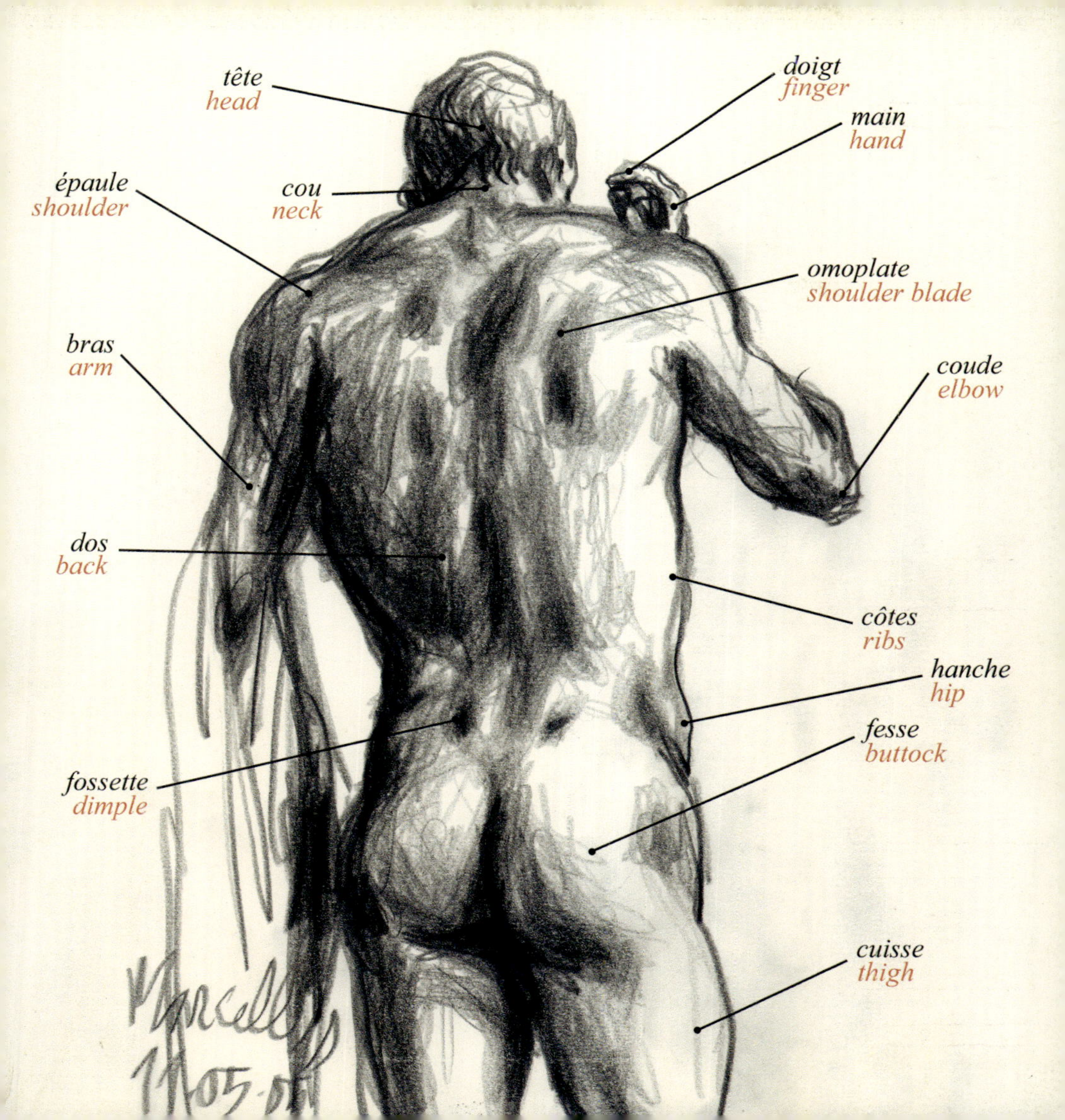
tête
head
doigt
finger
main
hand
épaule
shoulder
cou
neck
omoplate
shoulder blade
bras
arm
coude
elbow
dos
back
côtes
ribs
hanche
hip
fesse
buttock
fossette
dimple
cuisse
thigh

24/03/05

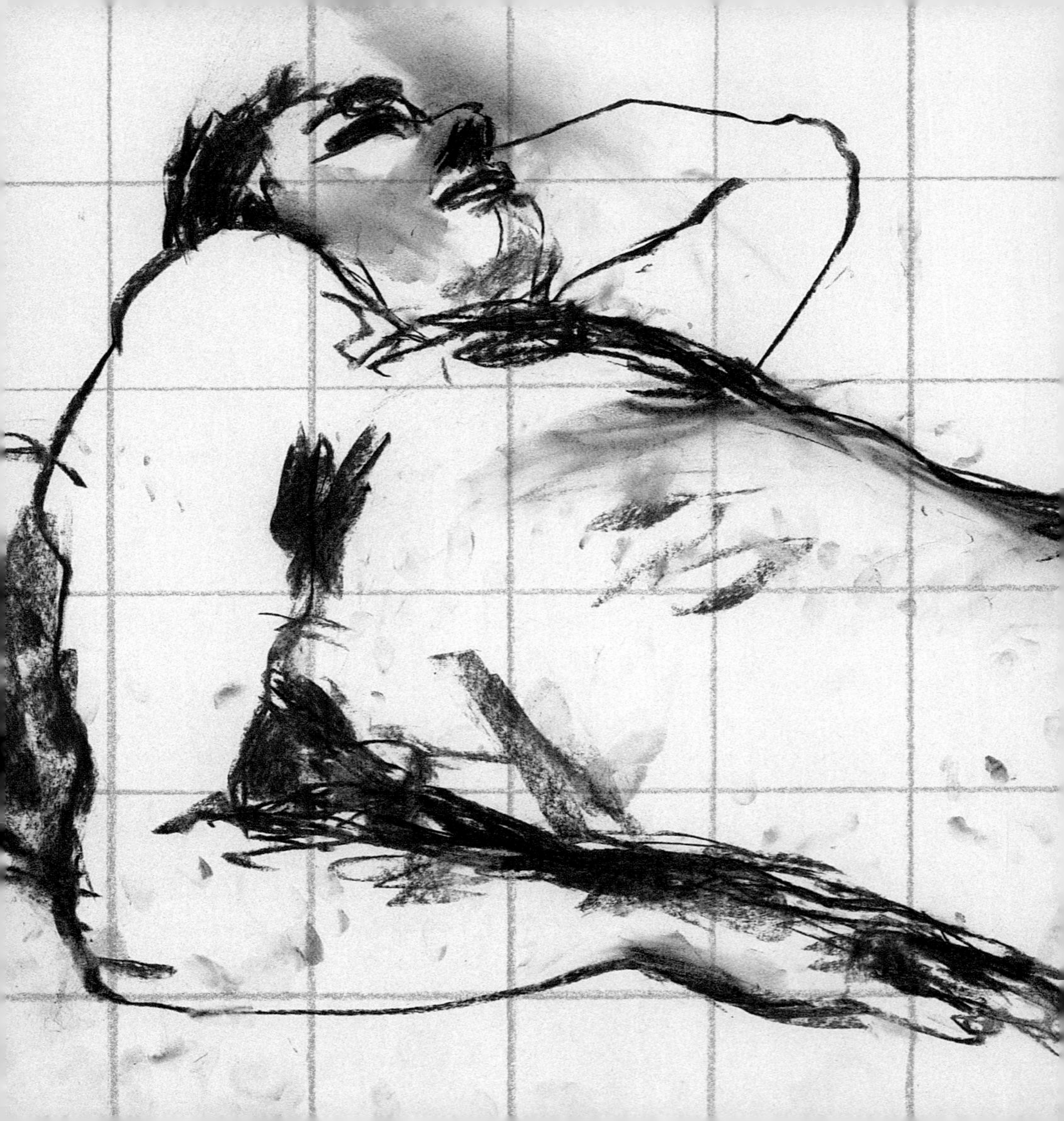

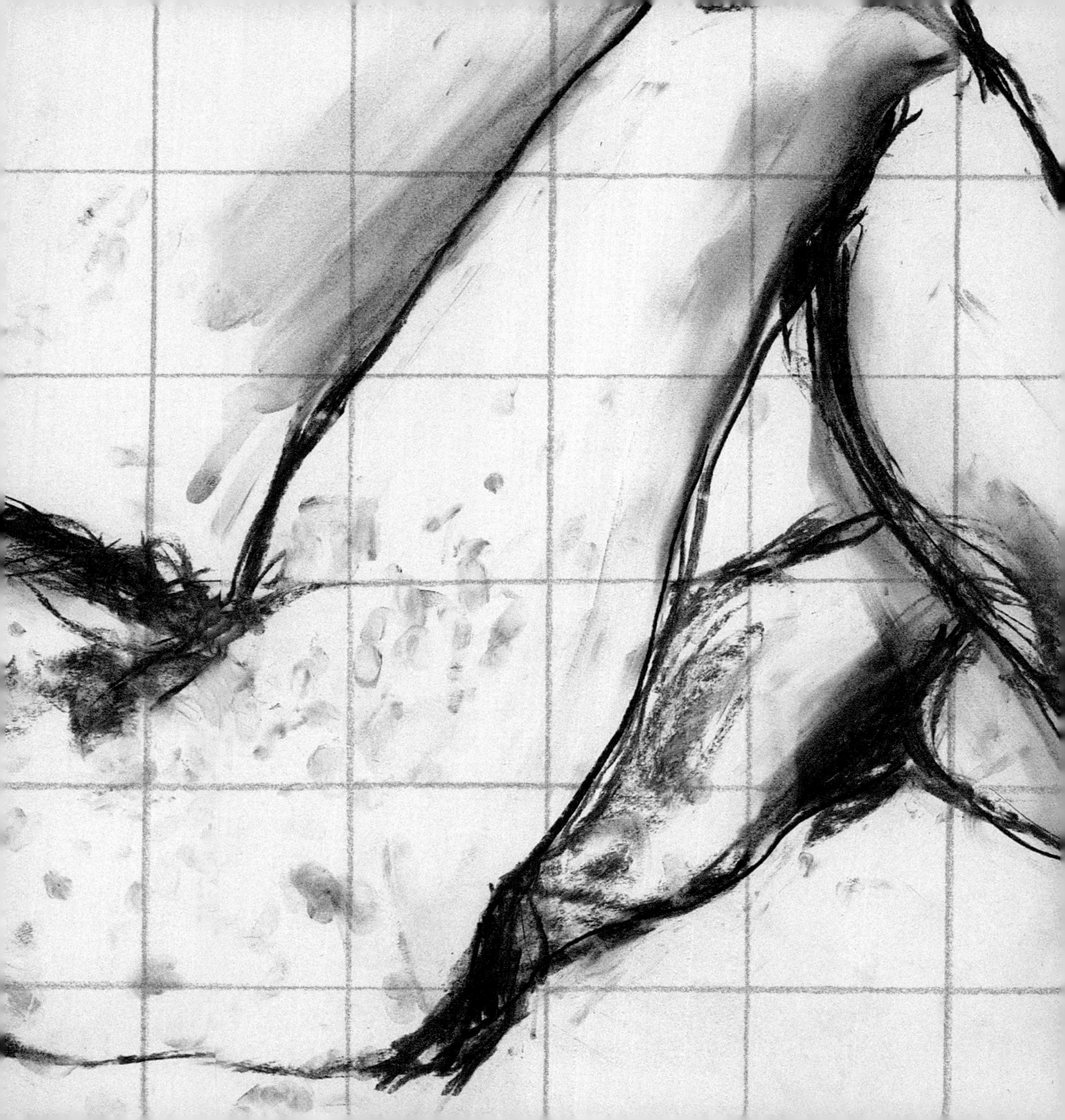

RIGOLETTO
ACTE PREMIER.

Menu

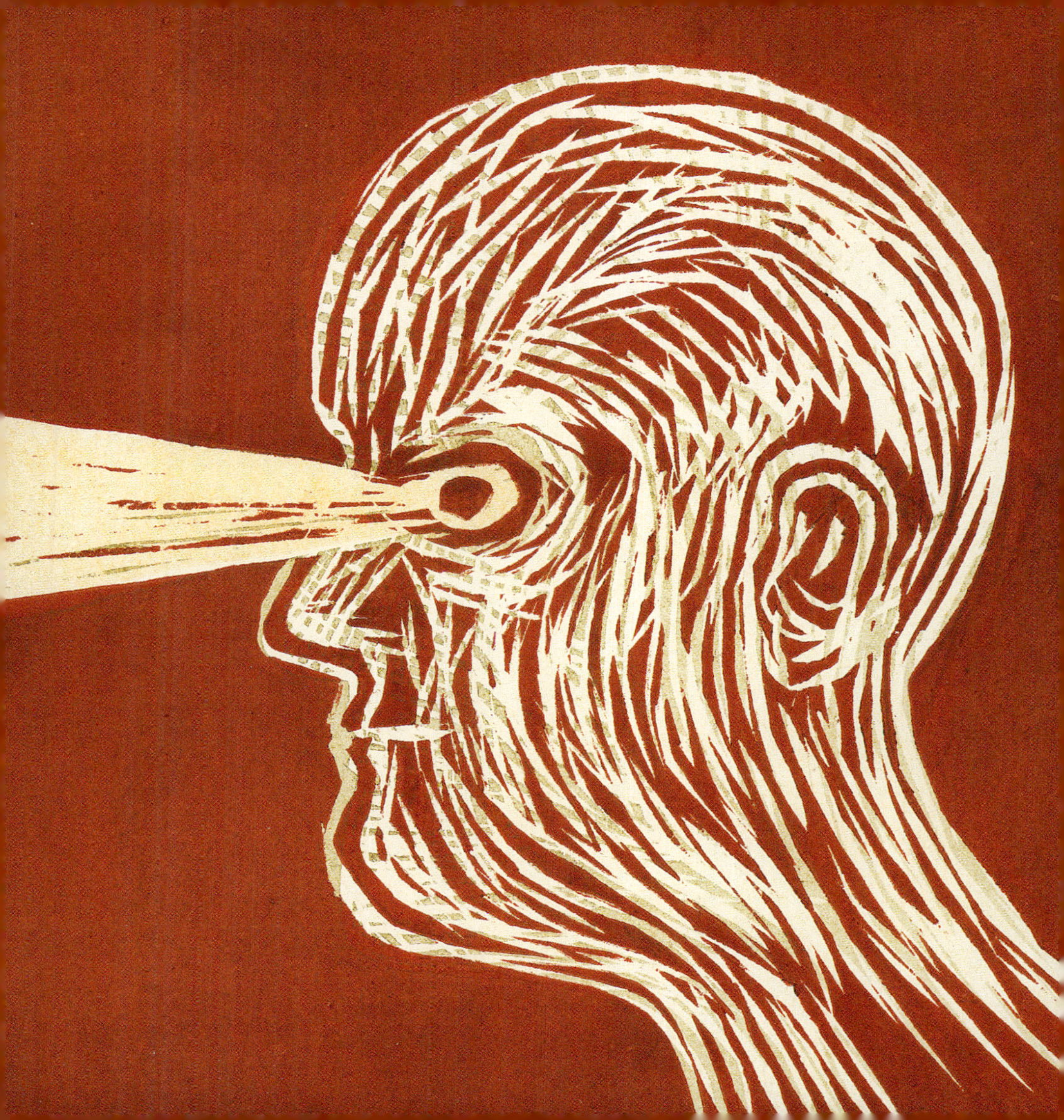

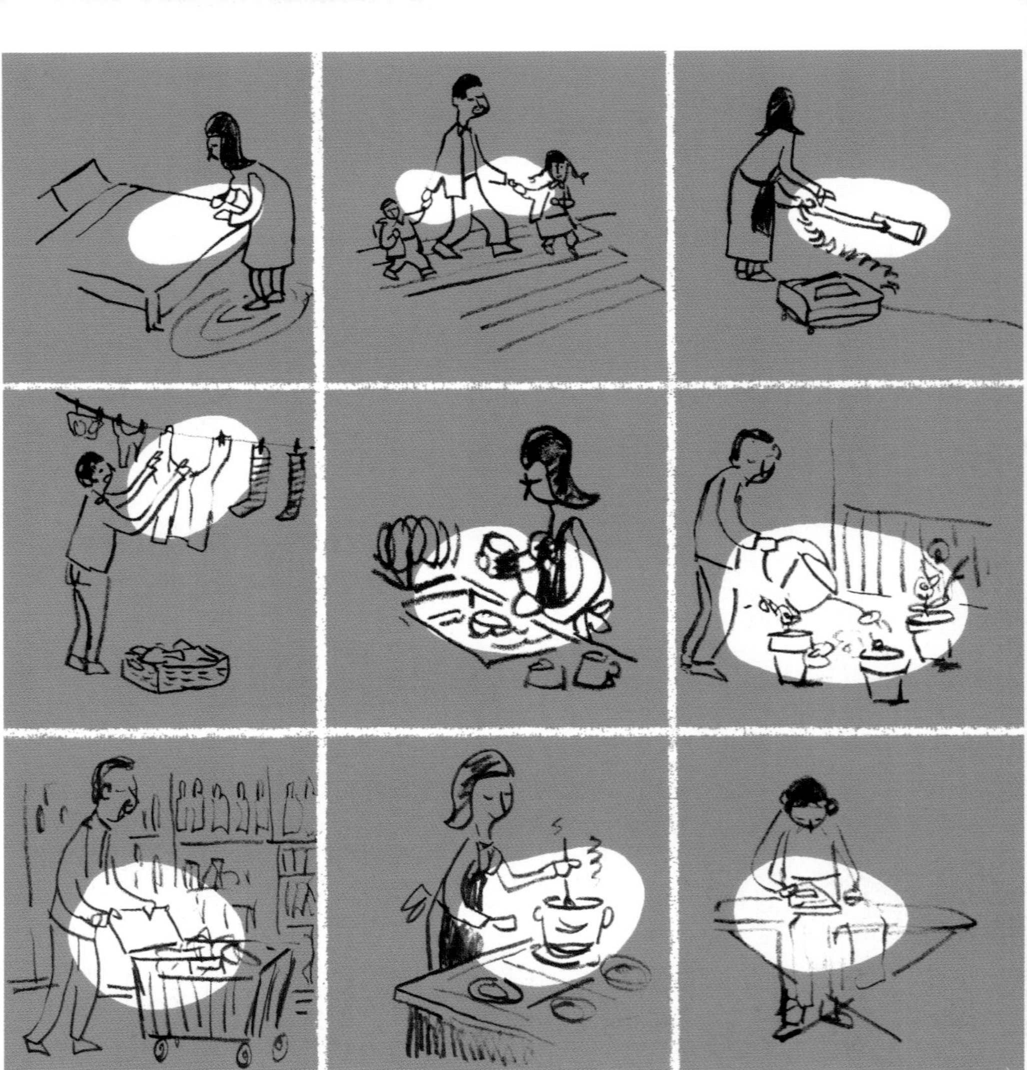

Georges de LA TOUR
Vic-sur-Seille, 1593 - Lunéville, 1652
Le Tricheur
Seul La Tour diurne du Louvre avec
Le Tricheur illustre
Bon de déplacement
LOUVRE
n° 4545
département
désignation de l'œuvre
La Tour
motif de l'enlèvement
inventaire n°
date/heure
7/3/05
nom du conservateur
signature
Acquis en 1972
R.F.1972-8
A 4048

ONE

remerciements
au **Petit Jaunais** pour l'aventure lithographique,
à **Clarisse** pour les éclairages,
à **France** et **Bastien** pour les retouches,
à **René Brassart** pour ses beaux ektas,
à **Michèle** pour la traduction,
à **Mel**, **Véro**, **Justine**,
à **Fabrice** pour son audace,
à **Larcin** pour ses poses,
à **Véronique** pour son regard complice,
à **Violaine** et **Catherine** pour leur confiance,
à **Monsieur Bertin**
et à tous les **artistes morts** avec lesquels nous
avons pris tant de plaisir à travailler.

maquette : **Véronique Puvilland**
photogravure : **André Michel**

Achevé d'imprimer sous l'œil de Mona en Italie par ERCOM en septembre 2005. Dépôt légal: octobre 2005
Loi n° 49-956 du 16 juillet 1949 sur les publications destinées à la jeunesse.

œuvres et techniques • palette, photo • petit peintre au travail, *papier mâché* • un lapin devant la pyramide, *gouache* • entrée des artistes, *collage* • lapin en haut, lapin en bas, *papier mâché* • plan public, *bois gravé* • Sassetta, Le Retable de Borgo San Sepolcro, vers 1440, *peinture sur bois*[2] • mon ange, *pastel gras* • Maître des anges rebelles, La Chute des anges rebelles, Sienne, vers 1342, *détrempe sur bois transposée sur peinture sur toile*[2] • l'ange surpris, *photo*[2], d'après Étienne Maurice Falconet, L'Amour menaçant, vers 1757, *marbre* • tête de Samothrace, *photo* • Samothrace pop, *image numérique*, d'après La Victoire de Samothrace, vers 190 avant J.-C., île de Samothrace[1] • oiseau à la fenêtre, *photo* • Stèle commémorant l'enterrement du taureau Apis mort sous le règne d'Amasis, 547 avant J.-C., Sérapéum de Saqqara, *calcaire*[2] • frottis, *crayon*, d'après Sakherty, chef du trésor, vers 1970-1900 avant J.-C., *calcaire peint* • oiseaux, *gouache* • pintade, *photogramme* • Adrien Van Utrecht, Paon et oiseaux de basse-cour, Anvers, vers 1645, *peinture sur toile*[3] • Théodore Géricault (1791-1824), Léda et le cygne, *crayon noir*[4] • Gaby au bain, *photo* • Paul Delaroche, La Jeune Martyre, 1855, *peinture sur toile*[1] • sauvetage en mer, *image numérique* • les naufragés, *photo*, DR • Théodore Géricault, Le Radeau de la Méduse, 1819, *peinture sur toile*[1] • visage de Méduse, *eau-forte et monotype* • Vase en forme de sirène, Corinthe, VIe et Ve siècles avant J.-C. • sirène du nord, *bois gravé* • gardien palmé, *installation* • plongeon en mosaïque, *photo*, d'après Fragment de mosaïque de sol : Triomphe de Neptune et d'Amphitrite (détail), premier quart du IVe siècle après J.-C., Algérie, *marbre, calcaire et pâte de verre* • sous l'eau, *aquarelle* • Vénus croquée, *feutre* • Aphrodite, dite Vénus de Milo, vers 100 avant J.-C., île de Mélos (Cyclades, Grèce), *marbre*[2] • bras de Vénus, *image numérique* • prothèse, *image numérique* • Léonard de Vinci, Saint Jean-Baptiste, 1515-1516, *peinture sur bois*[1] • doigt dans le nez, *gouache* • Nicolas de Largillière, Études de mains, vers 1715, *peinture sur toile*[1] • la caresse, *lithographie* • École de Fontainebleau, Gabrielle d'Estrées et l'une de ses sœurs, vers 1594, *peinture sur bois*[2] • Gregor Erhart, Sainte Marie Madeleine, Augsbourg, vers 1515-1520, *bois de tilleul polychromé*[1] • les cheveux de Marie Madeleine, *bois gravé rehaussé* • un cheval, des cheveux, *photo* • le coup de brosse, *gouache* • François Lemoyne (1688-1737), Narcisse contemplant son reflet dans l'eau, *peinture sur toile*[3] • mirage, *eau-forte* • double idole-cloche, *photo in situ*, d'après l'Idole-cloche béotienne, vers 700 avant J.-C., Thèbes, *terre cuite*[2] • mon autoportrait, *acrylique* • Rembrandt, Portrait de l'artiste au chevalet, vers 1660, *peinture sur toile*[1] • Albrecht Dürer, Portrait de l'artiste tenant un chardon, 1493, *parchemin collé sur toile*[1] • mon autoportrait, *installation* • Jean Siméon Chardin, Autoportrait au chevalet, vers 1776, *pastel sur papier bleu tendu sur châssis entoilé*[1] • autoportrait, Paul, *pastel gras et gouache* • Dominique à l'école, *photo* • Figurines d'exécration, XIIIe-XIIe siècle avant J.-C., *terre cuite*[2] • jeux de plage, *monotype* • ballon de plage, *acrylique* • dans les pattes du Sphinx, *installation*, d'après Le Grand Sphinx, trouvé à Tanis, 2620-2500 avant J.-C., *granite*[2] • Jean Auguste Dominique Ingres, Œdipe explique l'énigme au Sphinx, 1808, *peinture sur toile*[1] • la question, *typographie* • l'énigme, *image numérique*, d'après Ingres • Écritures de Goudéa, vers 2140 avant J.-C., *diorite*[2] • Coffret de Bakimen, scribe du trésor d'Amon, 1295-1069 avant J.-C., *bois peint*[2] • Scribe accroupi, 2600-2350 avant J.-C., trouvé à Saqqara, *calcaire peint, yeux incrustés de cristal de roche dans du cuivre*[1] • écrire, *encre de Chine* • page de carnet, *photogramme* • cher François, *photo* • Jean Clouet, François Ier, roi de France, vers 1530, *peinture sur bois*[1] • Dominique en page, *photo* • Galota de dos, *bois gravé* • Mona Lisa de dos, *huile* • presque Joconde, homme-objet, *installation* • son sourire, *image numérique*, d'après Léonard de Vinci, La Joconde, vers 1503-1506, *peinture sur bois*[1] • Yeux ayant appartenu probablement à des lions, en provenance de Mari (Syrie), fin du 3e millénaire avant J.-C., *calcaire et schiste*[2] • lion de Mésopotamie, *feutre* • Buste de statue d'orant, vers 2250 avant J.-C., Iran, *albâtre, coquillage, bitume*[2] • Belphégor, *bois gravé* • Cercueil de Mesrê, 18e dynastie, 1550-1295 avant J.-C., *bois enduit peint et doré à la feuille*[2] • sarcophage de poupée, *photo* • Portrait de femme, IIe siècle après J.-C., Antinoé, *bois de cèdre peint à l'encaustique et doré*[1] • Barbimomie, *installation* • poupée, *bois gravé* • Statuette de la déesse Ishtar, Babylone, vers 250 avant J.-C., *albâtre, rubis, or*[2] • Tête féminine, vers 2700-2400 avant J.-C., Kéros[2] • d'après J. B. Lemoyne, *stylo* • mon Jean le Bon, *huile*, d'après École de Paris, Portrait de Jean II le Bon, vers 1350, *bois* • ma princesse, *image numérique*, d'après Pisanello, Portrait d'une jeune princesse, vers 1435-1440, *huile sur toile*[2] • Ghirlandaio, Portrait d'un vieillard et d'un jeune garçon, vers 1490, *peinture sur bois*[1] • papa lit, *acrylique* • Auguste Renoir (1841-1919), La Lecture, vers 1890-1895, *peinture sur toile*[1] • Pétassou lit, *installation* • Georges de La Tour, Saint Joseph charpentier, vers 1642, *peinture sur toile*[1] • lampe rouge, *photo* • ampoule, *photogramme colorisé* • ampoule d'Égypte, *photo in situ* • Statue du dieu Horus, 1069-664 avant J.-C., *bronze*[5] • Bastet, *monotype* • quelques momies de trop, *installation in situ*, vitrine des momies de chats, 664-332 avant J.-C. • statuette de Suse, Orient[2] • vache multicolore, *pâte à modeler* • Sculpture cheval antique, époque précycladique vers 740 avant J.-C., Olympie, *bronze*[2] • le grand et le petit, *installation in situ*, d'après Antoine Coysevox, Mercure à cheval sur Pégase, 1699-1702, *marbre de Carrare* • Moulage de la Louve de Rome, Versailles[2] • chien de Pétassou, *pâte à modeler* • Jean Siméon Chardin, Le Singe peintre, vers 1739-1740, *peinture sur toile*[1] • petit peintre, *gouache* • sa palette, *gouache* • l'inspiration, *photo* • copiste au Louvre, *photo*[2] • forêt de tableaux, *lithographie* • cheval au cadre, *installation* • Jean Fouquet, Passage du Rubicon par César, XVe siècle, *aquarelle, enluminure, rehauts d'or*[1] • chevalier de Mimmo, *photo* • D'après Étienne Delaune, Armure d'Henri II ornée de scènes de l'histoire de César et de Pompée, XVIe siècle, *fer*[1] • Gilgamesh, *image numérique*, décor du palais de Khorsabad, règne de Sargon II (721-705 avant J.-C.), *albâtre gypseux*[2] • vitrail à colorier, scènes de l'histoire de saint Nicaise, détail, XIIIe siècle[1] • Combat de saint Georges contre le dragon, Rhin supérieur, fin du XVe siècle, *peinture sur bois*[2] • saint Georges de Katy, *pointe sèche et monotype*, d'après Raphaël (1483-1520), Saint Georges luttant avec le dragon, *peinture sur bois*[1] • Uccello, La Bataille de San Romano, vers 1435-1444, *peinture sur bois*[1] • champ de guerre, *eau-forte* • Baron Antoine Gros, Napoléon visitant le champ de bataille d'Eylau, 1808, *peinture sur toile*[1] • Bérézina, *installation* • Joseph Parrocel, Passage du Rhin par l'armée de Louis XIV, à Tholhuis, 1699, *peinture sur toile*[2] • petits soldats, photogramme colorisé • des pantalons, une belle robe, *photogrammes colorisés* • Maurice Quentin de La Tour (1704-1788), La Marquise de Pompadour, *pastel sur papier bleu, le visage rapporté sur un empiècement*[1] • la ronde du Gilles, *photo in situ* devant le tableau de Antoine Watteau, Pierrot, dit autrefois Gilles, vers 1718-1719, *peinture sur toile* • colin-maillard, *encre* • cache-cache menhir, *photo in situ* de la statue-menhir, Bronze moyen (2000-1600 avant J.-C.), Tell Brak, *basalte* • enfants masqués, *monotype* • d'après David, *sanguine* • Jacques Louis David, L'Enlèvement des Sabines, 1799, *peinture sur toile*[1] • Cimabue, La Vierge et l'Enfant en majesté entourés de six anges (Maestà), vers 1280, *bois*[1] • Géva et ses six enfants, *photo* • Théodore Chassériau (1819-1856), Mesdemoiselles C., dites les deux sœurs de l'artiste, *peinture sur toile*[1] • mes deux sœurs, *pointe sèche et monotype* • séchage des multiples à Saint-Dizier, *photo* • Moulages de statues antiques à Versailles, *photo* • Katy croquant Marcellus, *photo in situ*, d'après Marcellus, 20 avant J.-C., *marbre* • intérieur romain, *crayon* • Andrea Mantegna, Saint Sébastien, vers 1480, *peinture sur toile*[1] • les ventouses de saint Sébastien, *installation* • Hippolyte Flandrin, Jeune Homme nu assis au bord de la mer, figure d'étude, 1836, *peinture sur toile* [1] • jeune femme au chat, *gouache* • Théodore Géricault, Le Chat mort, vers 1820, *peinture sur toile* [1] • Misto, *crayon* • François au carré, *fusain* • Jean Auguste Dominique Ingres, La Grande Odalisque, 1814, *peinture sur toile* [1] • homme nu, *canevas* • Tissu copte, vers le VIe siècle après J.-C., *tapisserie, laine et lin* [2] • Rigoletto, *gouache* • moi sans tête, *bois gravé* • Relief funéraire de Cyzique, première moitié du IIe siècle avant J.-C., *marbre* [2] • quatre têtes, *acrylique* • triste inconnu, *dessin colorisé* • Botticelli (1445-1510), Vénus et les trois grâces offrant des présents à une jeune fille, *fresque* [1] • Poun dort, *installation* • le duvet de Sardanapale, *sieste in situ* devant le tableau de Eugène Delacroix, La Mort de Sardanapale, 1827, *peinture sur toile* • Jean Honoré Fragonard, Le Verrou, avant 1784, *peinture sur toile* [1] • porte-clés, *photomontage* • Samuel Van Hoogstraten (1626-1678), Les Pantoufles, *peinture sur toile* [1] • Bobo et Pétassou en pays flamand, *installation* • chips, *photogramme* • Lubin Baugin (1612-1663), Nature morte aux gaufrettes, *peinture sur bois* [1] • Jean Siméon Chardin, La Raie, vers 1725-1726, *peinture sur toile* [1] • Nina et les truites, *installation* • Rembrandt, Le Bœuf écorché, *peinture sur bois*, 1655 [1] • morceau de choix, *installation* • poires en costumes, *installation* • Louise Moillon, Coupe de cerises, prunes et melon, 1633, *peinture sur bois* [1] • nature morte au yaourt, *pointe sèche* • d'après Le Nain, *acrylique* • un lapin aux Noces de Cana, *montage numérique*, d'après Les Noces de Cana, Véronèse, 1563, *peinture sur toile* [1] • lapin chasseur, *acrylique* • sous Chassériau, *photo* [2] • but, *montage numérique* • petits joueurs, *photo* • Serviteurs funéraires, Égypte, *faïence* [2] • la fuite en Égypte, *installation in situ*, d'après l'Hippopotame, trouvé à Aboûl Naga dans la tombe d'un Antef, vers 2016-1963 avant J.-C., *faïence* • l'opportuniste, *photo in situ* • sur le site, *acrylique* • danse pour le roi, *photo* [2] • Louis Lapin XIV, *acrylique*, d'après Hyacinthe Rigaud, Louis XIV, 1701, *peinture sur toile* • retour sur le site, *gouache* • sacrée télé, *bois gravé et montage numérique* • Sacre anonyme, *montage numérique*, d'après Jacques Louis David, Le Sacre de l'empereur Napoléon Ier, 1806-1807, *peinture sur toile* [1] • public de dos, *feutre et crayons de couleur* • ton geste, *photo in situ* • Balthasar Van der Ast, Fleurs, coquillages, papillons et sauterelle, vers 1640-1650 [6] • bouquet du peintre, *photogramme* • feuille d'or, *photo* [2] • l'or du cadre, *photo* [2] • dans la peinture, *photo* [2] • voir, *bois gravé* • photographes, *feutres* • photographe, *acrylique* • Le Brun emballé, *photo* • disparition, *pastel gras* • fleurs de parquet, *bois gravé* • sol étoilé, *photo* • dans l'escalier, *photo* • Rembrandt, Philosophe en méditation, 1632, *peinture sur bois* [1] • Johannes Vermeer, L'Astronome, 1668, *peinture sur toile* [1] • mappemonde, *photo* • Jacques Callot (1594-1635), Le Siège de La Rochelle, *eau-forte* [1] • Salomon Van Ruysdael (1600/03-1670), La Marine d'or, *peinture sur bois* [7] • les hippos au Nil, *installation* • navire égyptien, *montage numérique*, d'après un modèle de bateau, vers 2000 avant J.-C., *bois peint* [1] • Papyrus, Les Travaux des champs, vignette du Livre des Morts, VIIe-Ier siècle avant J.-C. [8] • travaux journaliers, *image numérique* • après les courses, *crayon et aquarelle* • Georges de La Tour (1593-1652), La Madeleine à la veilleuse, *peinture sur toile* [1] • sans nouvelles du défunt, *huile* • osselets, *encre* • Dé, époque hellénistique, Grande Grèce, *terre cuite* [5] • Georges De La Tour, Le Tricheur, vers 1635, *peinture sur toile* [1] • hors cadre, *installation in situ* • le vol de la Joconde, *bois gravé* • recadrage, *image numérique* • Le Lorrain (1602-1682), Paysage pastoral avec de grands arbres, *crayon noir* [9] • Caspar David Friedrich, L'Arbre aux corbeaux, vers 1822, *peinture sur toile* [1] • la petite valise rouge, *photo* • face à face, *acrylique* • Fleury François Richard (1777-1852), Le Petit Chaperon rouge, *peinture sur toile* [6] • le Petit Chaperon rouge croque le loup, *pastel sec* • remplir les blancs, *collage* • caviardage de Mr Bertin, *image numérique*, d'après Ingres • se voir en Joconde, *photo* • notre Monna Lisa, *image numérique*.

works et technics • palette, *photo* • little painter at work, *papier mache* • a rabbit in front of the pyramid, *gouache* • artists'entrance, *collage* • rabbit up rabbit down, *papier mache* • public map, *wood cut* • Sassetta, The Blessed Ranieri Rasini Sets the Poor Free from a Florence Prison, c. 1437-1444, *tempera on wood*[2] • my angel, *oil pastel* • Master of the Rebel Angels,The Fall of the Rebel Angels,Siena, c.1340-1345, *tempera on wood, transposed onto canvas*[2] • unmasked angel, *photo*, after Etienne Maurice Falconet, The Cupid Threatening, c.1757, *marble*[2] • Samothrace's head, *photo* • pop Samothrace, *numeric picture*, after The Victory of Samothrace, c. 190 BC, Samothrace Island (island in the north of Egee's sea)[1] • bird by the window, *photo* • Stele commemorating the burial of Apis deceased during the reign of Amasis, 547 BC, Serapeum of Saqqara, *chalk*[2] • scumble, *pencil*, after Sakherty, chief of the treasure, c. 1970-1900 BC, *painted chalk* • birds, *gouache* • guinea-fowl, *photogram* • Adrien Van Utrecht, Peacock and Poultry, Anvers, c. 1640-1650, *oil on canvas*[3] • Theodore Gericault, Leda and the Swan, *drawing*[4] • Gaby's bath, *photo* • Paul Delaroche, The Young Martyr, 1855, *oil on canvas*[1] • sea rescue, *numeric picture* • the shipwrecked, *photo*, DR • Théodore Géricault, The Raft of the Medusa, 1819, *oil on canvas*[1] • Medusa head, *etching and monotype* • Mermaid vase, Corinth, 6th and 5th centuries BC • nordic mermaid, *wood cut* • palmed keeper, *installation* • diving into mosaic, after fragment of floor mosaic : Triumph of Neptune and Amphitrite (detail), 1st quarter of 4th century AD, Algeria, *marble, chalk and molten glass* • under water, *watercolor* • sketch of Venus, *layout* • Aphrodite, known as Venus de Milo, c. 100 BC, Melos Island (Cyclades, Greece)[2] • venus arms, *numeric picture* • artificial limb, *numeric picture* • Leonardo da Vinci, Saint John the Baptist, 1515-1516, *oil on wood*[1] • finger in the nose, *gouache* • Nicolas de Largilliere, Study of Hands, c. 1715, *oil on canvas*[1] • caressed, *lithography* • Ecole de Fontainebleau, Gabrielle d'Estree and One of Her Sisters, c. 1594, *oil on wood*[2] • Gregor Erhart, Mary Magdelen, Augsbourg, c. 1515-1520, *polychromed limewood*[1] • Mary Magdelen's hair, *wood cut* • tail and hair, *photo* • brushing, *gouache* • François Lemoyne (1688-1737), Narcissus Contemplating his Reflection in Water, *oil on canvas*[1] • mirage, *etching* • double bell-shaped idol, *photo in situ*, after Large bell-shaped idol, c. 700 BC, Thebes, *terracotta* • self-portrait, *acrylic* • self-portrait, Rembrandt, Portrait of the Artist at the Easel, c. 1600, *oil on canvas* • Albrecht Dürer (1471-1528), Self-Portrait, 1493, *parchment onto canvas*[1] • self-portrait, *installation* • Jean Simeon Chardin, Self-Portrait at the Easel, c. 1776, *pastel on blue paper mounted on canvas*[1] • self-portrait, Paul, *oil pastel and gouache* • Dominique at school, *photo* • Figurines of execration, 13th-12th BC, *terracotta*[2] • beach game, *monotype* • beach ball, *acrylic* • in Sphinx's feet, *installation in situ*, after the Large Sphinx of Tanis, 2620-2500 BC, *granite*[2] • Jean Auguste Dominique Ingres, Œdipe Explains the Enigma to the Sphinx, 1808, *oil on canvas*[1] • question, *typography* • riddle, *numeric picture*, after Ingres • writings from Gudea, c. 2140 BC, *diorite*[2] • Casket of Bakimen, scribe of the treasure of Amon, 1295-1069 BC, *painted wood*[2] • The Seated Scribe, c. 2600-2350 BC, found at Saqqara, *painted limestone, eyes in rock cristal set in copper*[1] • writing, *chinese ink* • sketch pad page, *photogram* • dear François, *photo* • Attributed to Jean Clouet, Portrait of Francis 1st, c. 1530, *oil on wood*[1] • Dominique as a page, *photo* • Galota from behind, *wood cut* • Mona Lisa from behind, *oil painting* • almost Mona Lisa, *installation* • her smile, *numeric picture*, after Leonardo da Vinci, Portrait of Lisa Gherardini, wife of Francesco del Giocondo, known as Mona Lisa or La Giaconda, c. 1503-1506, *oil on wood*[1] • big eyes, probably lions eyes from Mari (Syrie), end of the 3rd millenium BC, *chalk and schist*[2] • Mesopotamian lion, *layout* • Bust of whorshipper from archaic dynasties, c. 2250 BC, Iran, *alabaster, shell,* *bitumen*[2] • Belphegor, *wood cut* • Sarcofagus of Mesre, 18th dynasty, 1550-1295 BC, *painted wood, gilt with leaf*[2] • doll sarcophagus, *photo* • Portrait of woman, 2nd century AD, Antinoe, *cedarwood painted with encaustic, gilt*[1] • Barbimummy, *installation* • doll, *wood cut* • Statuette of the goddess Ishtar, Babylon, c. 250 BC, *alabaster, rubies and gold*[2] • Female head, c. 2700-2400 BC, Keros[2] • after J. B. Lemoyne, *pen* • my interpretation of The Good John, *oil painting,* after School of Paris, Portrait of the Good John, c. 1350, *wood* • my princess, *numeric picture,* after Pisanello, Portrait of a Young Princess, c. 1435-1440, *oil on canvas*[2] • Ghirlandaio, Old Man and a Child, c. 1490, *oil on canvas*[1] • dad's reading, *acrylic* • Auguste Renoir (1841-1919), The Reading, c. 1890-1895, *oil on canvas*[1] • Petassou is reading, *installation* • Georges de La Tour, Saint Joseph, the Carpenter, c. 1642, *oil on canvas*[1] • red lamp, *photo* • bulb, *photogram* • Egyptian bulb, *photo* • The God Horus, 1069-664 BC, *bronze*[5] • Bastet, *monotype* • too many mummies, *installation in situ* with Cat Mummies with heads covered with painted cloth, 664-332 BC • statuette from Suse, orient, n° 20, salle 10, aile Sackler • multicolored cow, *modeling clay* • Horse, c. 740 BC, Olympie, *bronze*[2] • the small and the tall, *installation in situ* after Antoine Coysevox, Mercury Riding Pegasus, 1699-1702, *marble of Carrare* • Casting of the She-wolf of Rome, Versailles, *photo*[2] • Petassou's dog, *modeling clay* • Jean Siméon Chardin, The Monkey Painter, c. 1739-1740, *oil on canvas*[1] • little painter, *gouache* • his palette, *gouache* • inspiration, *photo* • copyist at the Louvre, *photo*[2] • forest of pictures, *lithography* • framed landscape, *photo* • Jean Fouquet, «Ancient History up to Caesar and Acts of the Roman», Caesar Crossing the Rubicon, 15th century, *watercolor, illumination on vellum, with gold heightening*[1] • Mimmo's knight, *photo* • After Etienne Delaune, Armour of Henry II decorated with scenes from the life of Caesar and the history of Pompeii, 16th century, *metal*[1] • Khorsabad warrior, *numeric picture,* after Gilgamesh, palace of Khorsabad, reign of Sargon II (721-705 BC), *alabaster gypsum*[2] • stained glass to fill, after the scenes of saint Nicaise's story, detail, 13th[1] • Saint George Fighting against the Dragon, Higher Rhine, end of 15th century[2] • Katy's saint George, *etching,* after Raphael (1483-1520), Saint George Fighting the Dragon[1] • Uccello, The Battle of San Romano, c. 1435-1444, *oil on wood*[1] • field of war, *etching* • Antoine-Jean Gros, Napoleon on the Battlefield of Eylau, 1808, *oil on canvas*[1] • Berezina, *installation* • Joseph Parrocel, The Army of Louis XIV Crossing the Rhine, at Tholhuis, 1699, *oil on canvas*[2] • small soldiers, *colorized photogram* • some pants, one lovely dress, *colorized photograms* • Maurice Quentin de La Tour (1704-1788), Portrait of the Marquise de Pompadour, *pastel on blue paper mounted on canvas*[1] • Gilles' ronde, *photo in situ,* after Jean Antoine Watteau, Pierrot, also known as Gilles, c. 1718-1719, *oil on canvas* • blind man's buff, *ink* • hide and seek menhir, *photo in situ,* after Statue-menhir, Bronze moyen (2000-1600 BC), Tell Brak, *basalte* • children with masks, *monotype* • after David, *sanguine* • Jacques Louis David, The Sabine Women, 1799, *oil on canvas*[1] • Cimabue, Madonna and Child Enthroned with Angels (Maestà), c. 1280, *tempera on wood*[1] • Geva and her six children, *photo* • Théodore Chassériau (1819-1856), The Two Sisters, *oil on canvas*[1] • two sisters of mine, *etching and monotype* • etchings drying at Saint-Dizier, *photo* • Castings of antiques statues, Versailles, *photo*[2] • Katy making a sketch of Marcellus, *photo in situ,* after Marcellus, c. 20 BC, *marble* • roman interior, *pencil* • Andrea Mantegna, Saint Sebastian, c. 1480, *oil on canvas*[1] • plastic arrows of saint Sebastian, *installation* • Hippolyte Flandrin, Young Man Beside the Sea, 1836, *oil on canvas*[1] • young woman with cat, *gouache* • Théodore Géricault, The Dead Cat, c. 1820, *oil on canvas*[1] • Misto, *pencil* • François in squares, *charcoal* • Jean Auguste Dominique Ingres, The Big Odalisque, 1814, *oil on canvas*[1] • naked man, *canvas* • Coptic tapestry, around the 6th century AC, *wool and linen*[2] • Rigoletto, *gouache* • myself without a head, *wood cut* • Funeral relief of Cyzique, first half of 2nd century BC, *marble*[2] • four heads, *acrylic* • sad stranger, *colorized pencil drawing* • Botticelli (1445-1510), Venus and the Three Graces Presenting Gifts to a Young Woman, *fresco*[1] • Poun asleep, *installation* • Sardanapale's sleeping bag, taking a nap in situ, after Eugene Delacroix, The Death of Sardanapale, 1827, *oil on canvas* • Jean Honoré Fragonard, The Bolt, before 1784, *oil on canvas*[1] • key ring, *photo montage* • Samuel Van Hoogstraten (1626-1678), The Slippers, *oil on canvas*[1] • Bobo and Petassou in Flemish country, *installation* • potatoes chips, *photogram* • Lubin Baugin (1612-1663), Still Life with Wafers, *oil on wood*[1] • Jean Siméon Chardin, The Skate, c. 1725-1726, *oil on canvas*[1] • Nina and trouts, *installation* • Rembrandt, The Slaughtered Ox, 1655, *oil on wood*[1] • favorite piece, *installation* • dressed pears, *installation* • Louise Moillon, Bowl of Cherries, Plums, and Melon, 1633, *oil on wood*[1] • still life with yogurt, *etching* • after Le Nain, *acrylic* • a rabbit at the wedding Feast of Cana, *numeric cut*, after Veronese, The Wedding Feast of Cana, 1563, *oil on canvas*[1] • lapin chasseur, *acrylic* • under Chassériau, *photo*[2] • goal, *numeric cut* • small players, *photo* • Funerary servants, Egypt, *faience*[2] • the flight through Egypt, *installation in situ*, after a statuette of Hippopotamus, found at Aboùl Naga in the grave of Antef, c. 2016-1963 BC, *faience* • the opportunist, *photo in situ* • on the website, *acrylic* • dancing for the king, *photo*[2] • Louis Rabbit XIV, *acrylic*, after Hyacinthe Rigaud, Portrait of Louis XIV, 1701, *oil on canvas* • back to the website, *gouache* • golden tv, *wood cut and numeric cut* • pixelled consecration, *numeric cut* after Jacques Louis David, The Consecration of Emperor Napoleon, 1806-1807, *oil on canvas*[1] • people from behind, *layout and color pencils* • your offering, *photo in situ* • Balthasar Van der Ast, Still life with Flowers, Shells, Butterflies and Grasshopper, 1640-1650, *oil and wood*[6] • the painter's bunch, *photogram* • gold leaf, *photo*[2] • the golden frame, *photo*[2] • close-up, *photo*[2] • seeing, *wood cut* • photographers, *layout* • photographer, *acrylic* • wrapped Le Brun, *photo* • blank wall, *oil pastel* • wooden flowerbed, *wood cut* • starry floor, *photo* • on the stairs, *photo* • Rembrandt, Philosopher Meditating, 1632, *oil on canvas*[1] • Johannes Vermeer, The Astronomer, 1668, *oil on canvas*[1] • globe, *photo* • Jacques Callot (1594-1635), The Siege of La Rochelle, *etching*[1] • Salomon Van Ruysdael (1600/03-1670), The Golden Seascape, *oil on wood*[7] • the hippopotamus reaching the Nile, *installation* • egyptian boat, *numeric cut*, model of a boat, c. 2000 BC, *oil on wood*[1] • Papyrus, Fieldwork, part of the chapter 110b from the Book of the Dead, 7th-1st century BC[8] • daily work, *numeric picture* • back from shopping, *pencil and watercolor* • Georges de La Tour (1593-1652), Magdalen with Night Lamp, *oil on canvas*[1] • no news from the dead, *oil painting* • knucklebones, *ink* • Dice, Hellenistic period, *terracotta*[5] • Georges de La Tour, The Cheat with the Ace of Diamonds, c. 1635, *oil on canvas*[1] • out of the frame, *installation in situ* • Mona Lisa's theft, *wood cut* • reframing, *numeric picture* • Le Lorrain (1602-1682), Pastoral Landscape with Big Trees, *pencil*[9] • Caspar David Friedrich, The Tree of Crows, c. 1822, *oil on canvas*[1] • the little red suitcase, *photo* • face to face, *acrylic* • Fleury François Richard (1777-1852), The Little Red Riding Hood, *oil on canvas*[6] • Red riding Hood sketches the wolf, *soft pastel* • to fill the blanks, *collage* • blue-penciled Mr Bertin, *numeric picture*, after Ingres • posturing as Mona lisa, *photo* • our Mona Lisa, *numeric picture*.
